Reinhard Deichgräber

Niemand muss vollkommen sein

Auswege aus der Falle
des Perfektionismus

BRUNNEN
VERLAG GIESSEN · BASEL

REIHE „GEISTLICH LEBEN"
Herausgegeben von Jörg Ohlemacher
in Zusammenarbeit mit Reinhard Deichgräber,
Siegfried Großmann, Ingrid Reimer und Karl Renner
im Auftrag der Stiftung Geistliches Leben

© 2007 Brunnen Verlag Gießen
www.brunnen-verlag.de
Umschlagbild: photocase.de
Umschlaggestaltung: Ralf Simon
Satz: Die Feder GmbH, Wetzlar
Herstellung: St.-Johannis-Druckerei, Lahr
ISBN 978-3-7655-5456-8

INHALT

Zur Einführung	5
Tummelfelder für Perfektionisten	9
Sauberkeit und Reinlichkeit	9
Wie viel Ordnung muss sein?	13
Alles unter Kontrolle?	17
Erziehung für alle	21
Aber es steht doch geschrieben ...	24
Ein Blick in die innere Welt	29
Der brutale Ausbeuter	29
Der unerbittliche Ankläger	31
Der gemeine Betrüger	33
Auswege aus der Falle	39
Nur das Leben macht lebendig	39
Einen Anwalt finden	41
Freiheitsgeschichten	43
Weisheitsgeschichten	45
Wie man das Verlernen lernt	47
Spüren, wo die Grenze ist	49
Herrliche Inkonsequenzen	51
Lachen ist gesund	53
Sich von Gott stören lassen	55
Jenseits aller Logik lockt eine neue Welt	58
„Und ist doch rund und schön"	61

Zur Einführung

"Er ist so ein schrecklicher Perfektionist!" Die Gattin sprach's, und ihre Stimme klang gequält. Der Bollerwagen, den ihr Mann fürs Enkelkind bastelte, war eigentlich längst fertig. Schmuck sah er aus, in hübschen Kinderfarben mit Rot und Blau und Gelb lackiert, er bollerte wunderbar, alle lobten das Werk, nur seinem Erbauer war es immer noch nicht gut genug. Er wollte einen absolut geräuschlosen Bollerwagen bauen, und so fand und fand er bei seinem Tun kein Ende. Ein Perfektionist findet immer noch einen Fehler, und deshalb ist er nicht zufrieden und wird es auch nie richtig werden. Er leidet an jeder Unvollkommenheit seines eigenen Schaffens. Natürlich peinigen ihn auch die Mängel dessen, was andere produzieren. Er leidet, und mit ihm und unter ihm leiden Frau und Kinder, Freunde und Nachbarn, Vorgesetzte und Untergebene, Kolleginnen und Kollegen.

Perfektionismus gibt es in vielen Abstufungen und Schattierungen. Zunächst ist er eine Tugend, die Tugend der Sorgfalt und Genauigkeit. Niemand sollte diese Tugend gering achten, und wer es doch tut, dem kann man nur wünschen, dass er einmal einem perfekten Pfuscher zum Opfer fällt. Aber manchmal geschieht es, dass Gründlichkeit und Genauigkeit ins Kraut schießen und sich unermesslich ausdehnen. Was zunächst noch wie eine vielleicht sogar liebenswürdige Schrulle aussah, wird mehr und mehr zur Last und bekommt im schlimmsten Fall am Ende krankhafte Züge. Aus dem Streben nach Perfektion wird schließlich ein Zwang im pathologischen Sinn, eine Krankheit, die den Lebensstrom buchstäblich im Sande verlaufen lässt: Reinlichkeitszwang, Waschzwang, Ordnungszwang, Kontrollzwang, Vergewisserungszwang, Sicherheitszwang, Beichtzwang. Es ist wie eine Sucht. Da muss jemand tun, was er zutiefst nicht will, und muss es trotzdem tun und kann es nicht lassen und weiß doch zumindest in guten, ehrlichen Augenblicken, dass sein Tun sinnlos und die „Tugend" sein Leiden ist. Was als lobenswerte Sorgfalt begonnen hat, endet als selbstzerstörerischer Zwang.

Der Drang zur Übergenauigkeit oder zur Übersauberkeit oder zur Überorganisation befällt Einzelne und Gemeinschaften. Eine ganze Generation kann in die Falle des Perfektionismus geraten und wird es zunächst kaum bemerken, denn das klebrige Netz, in dem man sich verfangen hat, sieht hübsch aus und glänzt im Sonnenlicht. Unsere Generation steckt zumindest in einigen Lebensbereichen längst in dieser Falle. Die Geräte, mit denen wir umgehen, sind von wunderbarer Präzision. Sie genügen höchsten Ansprüchen. Unsere Organisationskunst ist aufs höchste entwickelt; alles läuft planmäßig ab, wir haben alles unter Kontrolle. Mit der Leistungsfähigkeit unserer Maschinen und unserer Systeme aber wachsen auch die Ansprüche, die wir an Menschen stellen, und da hat so mancher Zeitgenosse nicht mehr viel zu lachen, wenn man sich, beispielsweise als Lehrerin, mit denAnsprüchen der Kinder, der Eltern, der Schulleitung und der Schulverwaltung konfrontiert sieht. Schwächen und Fehler sind unverzeihlich geworden. Die Angst, etwas falsch zu machen, lähmt alle schöpferischen Kräfte. Und schon sind wir dabei, die offenkundigen Mängel der Schöpfung zu beseitigen. Wir perfektionieren Mensch und Pflanze und wissen kaum noch zu unterscheiden zwischen lobenswerter Veredelung und einer törichten Anmaßung, die sich in ihrem Verbesserungsdrang klüger dünkt als die ihr unvollkommen scheinende Naturordnung. Unsere Sprache verrät uns: Der Superlativ regiert unser Reden, und das nicht nur in der Werbung.

Auch Völker können von einem ungesunden Perfektionismus heimgesucht werden. Gäbe es eine Weltmeisterschaft, bei der die Ordentlichsten und Gründlichsten gekrönt werden, so hätten wir Deutschen beste Aussichten auf den Titel.

Solange der Perfektionismus sich nur in der Hobbywerkstatt abspielt oder auf dem Fußboden, von dem man angeblich in manchen Häusern bedenkenlos essen kann, ist alles ja noch nicht so schlimm. Aber nur zu leicht schleicht sich das Virus auch in die Welt des Glaubens ein, in Gemeinden und Gemeinschaften, in Bruderschaften und Orden, in fromme Veranstaltungen und Programme. Dem Perfektionisten fehlt es ja auch nicht an Bibelstellen, auf die er sich berufen kann. Die Wortgruppe „vollkommen", „Vollkommenheit" begegnet in der Bibel gut dreißigmal; Jesu Forderung in der Bergpredigt „Ihr sollt vollkommen sein" (Matthäus

5,48) scheint eine eindeutige Sprache zu sprechen. Und zählt im christlichen Glauben nicht gerade die Treue in den geringfügigsten Dingen? (Lukas 16,10)

Aber auch in der Welt des Glaubens kann aus dem gesunden Verlangen nach leidenschaftlicher Hingabe und nach Treue in den kleinsten Dingen eine Haltung erwachsen, in der einer des eigenen Glaubens nie richtig froh werden kann – ganz abgesehen von der Gemeinschaft, die sich mit unerfüllbaren Forderungen abquält und an ihrem Vollkommenheitswahn zu ersticken droht.

Es wäre schön, wenn dieses Buch unseren Blick für die Gefahren des Perfektionismus, zumal eines christlich begründeten, schärfen würde. Noch schöner wäre es, wenn jemand über der Lektüre die eigenen perfektionistischen Gefährdungen einsehen und angesichts seiner Not „Kyrie eleison!" schreien würde, so wie sich im Neuen Testament die Kranken mit dem Ruf „Herr, erbarme dich!" an Jesus wenden. Am schönsten aber wäre es, wenn jemand beim Lesen etwas spüren würde von der erlösenden Kraft des göttlichen Wortes, das uns aus allen perfektionistischen Zwängen zur herrlichen Freiheit der Töchter und Söhne Gottes ruft.

TUMMELFELDER FÜR PERFEKTIONISTEN

Es gibt viele Lebensbereiche, in denen man nach perfektionistischer Vollkommenheit streben kann, Tummelfelder, die dazu einladen, dem Ideal der vollkommenen Fehlerlosigkeit nachzustreben. Einige von ihnen wollen wir hier vorstellen.

Sauberkeit und Reinlichkeit

Jeder weiß, wie Saubermachen geht. Dabei ist es egal, ob es sich um den eigenen Körper handelt oder um das Geschirr, die Wohnung, das Auto oder den Garten. Da ist Schmutz und der muss weg. Staub und Schmutz sind mein Feind, den es zu bekämpfen gilt. So mache ich mich ans Werk, mit Wasser und Schrubber, mit Bürste und Lappen, mit Besen und Staubsauger. Manchmal leistet der Dreck erbitterten Widerstand, besonders die Töpfe haben es in sich oder die Ecken bei den Fenstern, doch der Widerstand macht mich nur umso entschlossener; ich gebe nicht nach, ich gebe nicht auf, bis Topf und Badewanne und Auto glänzen wie auf Werbebildern.

Niemand wird bestreiten, dass Sauberkeit sein muss. Jede und jeder kennt das Gefühl der Befriedigung, wenn wir den Krieg gegen den Schmutz einmal wieder gewonnen haben. Nun könnte Friede sein – könnte. Die Frage ist nur, wie lange der Friede hält. Bei manchen Menschen hält er nicht lange. Da ist doch noch Staub! Da klebt doch schon wieder Dreck! Da verunziert noch eine hässliche Schliere das frisch geputzte Fenster, und schon treten Lappen und Bürste erneut in Aktion, und leicht wird aus dem Putzgeschehen eine unendliche Geschichte.

Bei jeder Putzaktion gibt es eine unsichtbare Grenze. Sauberkeit dient dem Leben, Reinlichkeit macht unser Leben gesünder, gemütlicher, kultivierter. Aber manchmal scheint es so, als stünden die Dinge auf dem Kopf, wenn nämlich die Sauberkeit nicht mehr dem Leben dient, sondern ein Leben im Dienst der Sauberkeit gelebt wird. Dem Perfektionisten ist die Grenze, die diesen Unterschied markiert, ziemlich fremd; bedenkenlos wird er sie überschreiten. Im schlimmsten Fall, wenn aus gesundem Reinlichkeitsdrang ein pathologischer Sauberkeitszwang geworden ist, kann es so weit kommen, dass sich jemand die Hände rau, und blutig wäscht. Das Saubermachen wird zur Obsession, und wenn die Volkssprache vom „Putzteufel" spricht, hat sie leider gar nicht so Unrecht.

Neben dem Sauberhalten von Körper und Gegenständen und Räumen gibt es noch einen zweiten Gesichtspunkt: die innere Reinheit. Jesus macht uns darauf aufmerksam, dass wir mit dem gründlichen Waschen von Bechern und Schüsseln nur das Äußere rein halten (Matthäus 23,25-26). Was nützt die Mühe um sauberes Geschirr, wenn das Herz schmutzig bleibt? Was ist das für eine Hygiene, die uns Bakterien töten und Kröten schlucken lässt? Auf die Reinheit des

Herzens kommt es an! Schmutzige Gedanken sind zu bekämpfen, habgierige Impulse, neidische Gefühle, ehrgeiziges Geltungsstreben, unreine Sexualphantasien. Doch dieser Kampf scheint den meisten, die ihn je ernstlich begonnen haben, aussichtslos. Es ist wirklich eine Sisyphusarbeit, bei der sich jeder Erfolg, den wir vielleicht mit Stolz und Freude registrieren, schnell als Scheinerfolg erweist.

Und auch das ist noch nicht alles. Unsere Sprache weist uns den Weg zu einem weiteren Feld, auf dem man nach Reinheit und Klarheit streben kann. Da sind Menschen, die müssen ständig etwas klären. Sie sind erst dann zufrieden, wenn alles geklärt, wenn tatsächlich alles klar ist. Sie haben einen schier unendlichen Klärungsbedarf, können nichts in der Schwebe lassen und geraten in Panik, wenn ein ungelöstes Rätsel das letzte Wort haben soll. Sie fürchten den Grauschleier, der sich über die Dinge legt, der beispielsweise einer Beziehung die gewünschte Eindeutigkeit versagt. Entweder – oder, ja oder nein! Aus dem Verlangen nach scharfen, eindeutigen Konturen entsteht mitunter ein quälender Grübelzwang, und auch daraus wird leicht eine unendliche Geschichte, wenn nämlich der Schritt vom Gedanken zum Tun für einen Menschen erst möglich ist, wenn es an der Richtigkeit einer getroffenen Entscheidung keinen Zweifel mehr gibt.

Und wie viel gibt es zu bereinigen, wenn der Blick erst einmal geschärft ist für all den Schmutz, der sich im Miteinander von Menschen ansammeln kann, in Freundschaft und Ehe, zwischen Kindern und Eltern, unter Kollegen und Mannschaftskameraden, unter Chorsängern und Chorsängerinnen oder unter den Schwestern und Brüdern einer Kommunität! Wie viele Enttäuschungen, Missverständnisse, wie viel kleinlicher Zank und Streit stört oder zerstört das Miteinander! Es gibt sogar so etwas wie einen Beichtzwang, wenn ein Mensch meint, Gottes barmherziges Vergebungswort für seine tatsächlichen oder vermeintlichen Sünden nur dann gewinnen zu können, wenn er seine Fehler in aller Form (katholisch oder evangelisch) und natürlich komplett gebeichtet hat und daraufhin absolviert worden ist. Nun ist die Beichte ganz gewiss eine segensreiche Einrichtung, die so manchem in ernster Gewissensnot die wunderbare Freiheit zum Neuanfang schenkt. Aber aus dem Segen wird ein Fluch, wenn an die Stelle von Möglichkeit und Einladung ein unerbittlicher Zwang tritt, bei dem der Mensch sich selbst Gewalt antut.

Perfektionistischer Reinlichkeitswahn ist auch einer der Hintergründe für die schrecklichen Säuberungsaktionen, die wir aus der Geschichte kennen, auch aus unserer jüngsten Vergangenheit. Zu den grausigen Sprachschöpfungen unserer Zeit gehört der Begriff der „ethnischen Säuberungen". Wir wissen von Städten und Vereinen, die voll Stolz dem „Führer" meldeten, sie seien „judenrein". Wir wissen von Zwangsumsiedlungen, Vertreibungen und Massentötungen, durch die ein Land seine „völkische Reinheit" und Ungestörtheit durchzusetzen versucht.

Und schließlich – Gott sei's geklagt! – wir wissen leider auch von einer Kirche, die zu solchen gottlosen Aktionen feige und diplomatisch geschwiegen hat, die sich sogar an solchen Aktionen mitschuldig machte, indem sie die verbrecherischen Maßnahmen segnete oder ihren Pfarrerstand „judenrein" haben wollte. Auch gab es zu allen Zeiten, bis heute, kirchliche Gemeinden und Gemeinschaften, die sich ebenso schnell wie hart und konsequent von missliebigen Gliedern reinigen, die unliebsame Querdenker in fragwürdigen Ausschlussverfahren aus ihrer Mitte entfernen und ihre Fürsprecher bedrohen und disziplinieren.

Wo aber verläuft die unsichtbare Grenze zwischen sauber und steril, zwischen Leben und Erstarrung?

Wie viel Ordnung muss sein?

In meinem Beruf als Lehrer und „Hausvater" an einem theologischen Seminar habe ich im Lauf der Jahre viele Studentenzimmer gesehen. Manche waren hübsch eingerichtet und immer gut aufgeräumt. Andere waren – milde geurteilt – nicht so gut aufgeräumt, doch keineswegs unordentlich. Hier herrschte eine Art Spitzweg-Gemütlichkeit; die „Unordnung" strahlte eine behagliche Botschaft aus: „Hier bin ich Mensch, hier darf ich's sein". Es gab auch Räume – glücklicherweise nur selten –, die wirkten schlichtweg verwahrlost. Hier wohnte anscheinend jemand, der sich selbst nicht viel wert war, einer, der es nie gelernt hatte, mit sich selbst achtsam und pfleglich umzugehen. Und dann gab es auch noch Zimmer, die das genaue Gegenteil zu dem eben beschriebenen Typ darstellten, Räume, in denen eine geradezu mustergültige Ordnung herrschte. Da standen die Bücher im Regal wie eine Kompanie preußischer Soldaten auf dem Exerzierplatz, da stimmten die Proportionen auf den Millimeter, da lag nichts herum, und auch die Zimmerpflanzen (falls es welche gab) waren tadellos gepflegt. Prunkstück in dieser Pracht war meistens das Bett, das zu jeder Zeit so ordentlich „gebaut" war, wie es früher in Kasernen oder Jugendherbergen gelehrt und gefordert wurde. Aber es war eine kalte Pracht, kühl, korrekt und seelenlos. Ein so tadellos aufgeräumtes Zimmer hat für mich etwas Beängstigendes. Die Botschaft lautet: Nimm dich in Acht! Pass auf, dass du bloß nichts falsch machst; hier gelten strenge Regeln und Gesetze!

Auch beim Ordnen und Aufräumen gibt es eine unsichtbare Grenze. Auf der einen Seite gibt es Welten, in denen man sich nicht wohlfühlen kann, weil hier nichts und niemand gepflegt wird. Aber es gibt auch ein Zuviel an Ordnung, Räume, in denen die Ordnung nicht mehr der Behaglichkeit dient, sondern zum Selbstzweck geworden ist.

Der Perfektionist kennt diese Grenze nicht. Er weiß auch nichts davon, dass jeder Wert etwas Tyrannisches und Zerstörerisches bekommt, sobald er nicht mehr ein kleines Steinchen in einem großen und empfindlichen Wertemosaik ist, in dem jeder Wert seinen eigenen begrenzten Platz hat. Wo die Ordnung die Alleinherrschaft angetreten hat, ist es aus mit der Gemütlichkeit.

Ein Zimmer möchte nicht nur ordentlich sein. Es will auch wohnlich und behaglich sein; es will lebendig sein und einen phantasievollen, persönlichen Charakter haben; warm soll es sein und originell, und Geschichten möchte es erzählen. Es mag keine Langeweile und keine pure Zweckmäßigkeit. Mit einem Wort: Die Welt, in der wir leben, möchte menschlich sein.

Aus guten Gründen betont Paulus, dass der Gott der Juden und der Christen nicht ein Gott der Unordnung ist (1. Korinther 14,33), sondern – ja, und nun kommt eine überraschende Wendung: ein Gott des Friedens. Denn das positive Gegenstück zur Unordnung heißt bei Paulus an der zitierten Stelle nicht Ordnung, sondern Friede, Schalom, Wohlsein und Wohlergehen in einem weiten, allumfassenden Sinn.

Der Ordnung im Raum entspricht das Ritual in der Zeit. Rituale ordnen Abläufe; sie geben unserem Handeln Form und Gestalt. Rituale ordnen das Vorher und Nachher, bestimmen, was zuerst kommt und was später, schützen vor Zufall und Willkür. Die Wiederholung bestimmter Abläufe schafft Sicherheit. Sie entlastet von der Notwendigkeit, jedes Mal eine neue Form zu schaffen. Solche Rituale gibt es in unserem Alltagsleben zu den verschiedensten Gelegenheiten und Zeiten. So hat wohl jeder Mensch sein Morgenritual, das ihm hilft, auf gute Weise aus dem Schlaf zur Arbeit zu kommen. Rituale gibt es aber auch im religiösen Leben, vor allem in den Liturgien unserer Gottesdienste. Auch die Liturgie möchte unser Leben leichter machen. Sie entlastet uns von der schwierigen Aufgabe, in jedem Gottesdienst und für jedes Gebet eine neue Form und einen neuen, ganz persönlichen, individuellen Ausdruck zu finden.

Doch auch hier lauert die Gefahr, die Versuchung. Was als Erleichterung gemeint war, wird selbst zur schweren Last. Was einmal lebendiger Ausdruck lebendigen Glaubens war, erstarrt in toter Gewohnheit. Es gibt Liturgien, bei denen eine einfache und doch nicht inhaltsarme Form mit wunderbarer Leichtigkeit und in mitreißender Freude gefeiert wird. Es gibt aber auch Liturgien, aus denen alles Leben gewichen zu sein scheint; sie gleichen Bleigewichten, unter deren Last sich eine müde gewordene Gemeinde träge und mühselig dahinschleppt.

Bei den Alltagsritualen ist es nicht anders. Die kleine Lebenshilfe, die der geordnete Ablauf sein kann, wird so manchem unter der Hand zu einer Zwangsjacke, die seine Bewegungsfreiheit immer mehr einschränkt; die natürliche Lust und die kräftigen Impulse zu spontanen Regungen sterben allmählich ab.

So gibt es auch hier eine feine Grenze. Sie scheidet eine Welt lebensfroher und lebensfreundlicher Spielregeln von einer starren Welt, in der alles geordnet ist und in der der Mensch nur noch seinen harten, immer weiter perfektionierten Ritualen lebt, anstatt mit Hilfe der geregelten Abfolge dem Geheimnis des Lebensspiels auf die Spur zu kommen.

Alles unter Kontrolle?

Angesichts der allzu streng aufgeräumten Zimmer wird sich so mancher Leser gefragt haben: Wo gibt es so etwas heute noch? Und mancher junge Mensch wird sagen: Das ist doch alles nicht mein Problem. Mich hat nie jemand zur Ordnung angehalten, und ich lasse mir von niemandem vorschreiben, wie es in meinem Zimmer oder auf meinem Schreibtisch aussehen soll.

Stimmt das? Ist übertriebene Ordnungsliebe allenfalls noch bei älteren Menschen anzutreffen? Es mag gelten, solange wir nur an den häuslichen Bereich denken und an die Gestaltung der Zeit, die wir als unsere Freizeit bezeichnen. Der Freiheit, die wir in unserem persönlichen Raum leben, steht jedoch eine wachsende Unfreiheit im öffentlichen und im beruflichen Leben gegenüber. Hier werden die Forderungen immer strenger, der Konkurrenzkampf nimmt an Härte zu, Großzügigkeit und Gelassenheit im Umgang mit menschlicher Begrenztheit und Unvollkommenheit werden immer seltener. Wir können es uns einfach nicht mehr leisten, die Schwächen unserer menschlichen Natur zu respektieren. Selbst Anfängerfehler sind unverzeihliche Fehler, und unsere Schulen und Universitäten, unsere Betriebe und Büros, unsere Dienstleistungsunternehmen und sozialen Einrichtungen sehen entsprechend aus. Unser Ideal ist der rentable und reibungslose Betriebsablauf, und dieses vernünftige Ideal erweist sich je länger, je mehr als ein unerbittlicher und unbarmherziger Ausbeuter. Dabei scheint eines besonders wichtig: dass wir die kompliziert gewordenen Abläufe und Funktionen unserer Arbeitswelt zu jeder Zeit sicher im Griff haben.

„Okay, Chef! Alles unter Kontrolle!" „Alles im grünen Bereich!" Wer so sprechen kann, fühlt sich wohl. Er steuert sein Fahrzeug sicher durchs Gewühl. Er genießt das herrlich-männliche Gefühl von Macht, Souveränität und Sicherheit.

Keine Frage, Autofahren will gekonnt sein. Die Bedienung einer komplizierten Maschine verlangt Wissen, Übung und Erfahrung. Eine Großveranstaltung muss sorgfältig geplant und organisiert sein. Gefährliche Operationen erfordern weitreichende Sicherheitsvorkehrungen.

Doch leicht wird das Ideal des reibungslosen Ablaufs zum Lebensideal. Es bestimmt den Lebensentwurf auch da, wo es absolut nichts zu suchen hat. Es ist ja so beruhigend, wenn man „alles im Griff hat". Und Leichtsinn kann teuer werden. Also schaue ich sicherheitshalber noch einmal nach, ob ich den Wasserhahn auch richtig zugedreht habe. Und ist die Tür zum Hintereingang auch wirklich zu? Habe ich alles eingesteckt, was ich unterwegs brauchen werde? Der Aufbruch verzögert sich. Wir kommen bestimmt wieder zu spät!

Auch aus dem vernünftigen Sicherheitsbedürfnis kann ein pathologischer Zwang werden. Das Verlangen nach Vergewisserung führt im schlimmsten Fall zu krankhaften Auswüchsen, zu tödlicher Lähmung.

Bei allem, was sich organisieren lässt, finden Perfektionisten ein willkommenes Betätigungsfeld: Planungshoheit, Planungssicherheit. Und sie leiden, wenn ihnen diese hehren Güter genommen sind. Darum leiden wir Deutschen oft so schlimme Qualen, wenn wir dienstlich oder urlaubshalber in den Süden müssen, von Kontinenten wie Afrika oder Lateinamerika ganz zu schweigen.

Der Perfektionist ist ein extrem störbarer Mensch. Er plant mit liebevoller oder auch feindseliger Gründlichkeit. Aber am Ende droht das Leben in wunderbar ausgetüftelten Programmen und perfektionierten Ritualen zu erstarren; es ähnelt dem Betrieb auf einem Bahnhof, wo sich alles nach dem vorgegebenen Fahrplan richten muss. Die Zeit, selbst die sogenannte Freizeit ist verplant, der Mensch ist „total ausgebucht" und ist vielleicht sogar noch stolz darauf, weil ihm die permanente Beanspruchung seine Unentbehrlichkeit bestätigt.

Doch wo das Leben so glänzend geplant und organisiert ist, gibt es keine Abenteuer mehr; die Sicherheitsvorkehrungen ersticken alles. Natürlich geschehen in einer solchen Welt auch keine Wunder, denn Kontrolle und Wunder vertragen sich nicht miteinander. Eine erschütternde Geschichte aus Afrika erzählt von einem einsamen alten Mann, dem eines Tages ein Waisenknabe zuläuft. Der Junge ist mit märchenhaften Kräften ausgestattet, verrichtet alle Arbeiten mit erstaunlicher Leichtigkeit und bringt Segen und Gedeihen in die Viehwirtschaft des alten Mannes. Den aber plagt die Neugier, er muss das Geheimnis des Jungen lüften. So dringt er in ihn und fragt und fragt. Der Junge aber wehrt ab; er darf sein Geheimnis mit niemandem teilen. Und er warnt: An dem Tag, an dem der alte Mann dem Geheimnis des Segens auf die Spur kommt, wird sein Glück enden. Und dann kommt es, wie es kommen muss. Der Alte gibt keine Ruhe, belauscht den Jungen im Morgengrauen bei seiner Arbeit, entdeckt das Geheimnis seiner Kraft, und im selben Augenblick bricht alles zusammen, Vertrauen und Segen und Glück, und der Junge verschwindet so rätselhaft, wie er gekommen war.

Alles unter Kontrolle? Alles fest im Griff? Alles minutiös geplant? Alles streng durchrationalisiert? Auch das Wunder? Auch das Kinderspiel? Und die Hochzeitsfreude? Und das Urlaubsabenteuer? Und der Jubel über das Siegtor in der Nachspielzeit? Und die Tränen über ein zerbrochenes Spielzeug? Und die Enttäuschung angesichts einer gestorbenen Hoffnung? Und die Angst vor einer schweren Operation? Und das Bangen um die Schulleistungen meines Kindes?

Wo alles unter Kontrolle ist, regieren Stress und Langeweile. Manche Menschen beeindruckt das freilich nur wenig. Sie werden sich weiter darum bemühen, alle Fehlerquellen auszuschalten. Sie werden noch gründlicher organisieren, sie werden ihre Augen noch mehr trainieren, um überall den Überblick zu behalten und die tatsächlichen oder vermeintlichen Sicherheitsrisiken zu minimieren.

Erziehung für alle

Noch in einem ganz anderen Lebensbereich liegt die Gefahr einer perfektionistischen Verzerrung nahe: auf dem Feld der Erziehung. Es ist wirklich ein weites Feld; hier geht es ja nicht um einen Teilbereich, sondern um das Leben mit allen seinen ungezählten Schauplätzen. Wer ein Kind anvertraut bekommen hat, wird es in jeder Hinsicht formen und fördern wollen. Da gibt es nichts, was man vernachlässigen dürfte: Gesundheit und Kleidung, Spielgerät und Spielgefährten; Festtag und Alltag; die Wahl der richtigen Schule und der richtigen Kurse; Besuche und Reisen; Lektüre und Medienkompetenz; die angemessenen Hobbys und Freizeitbeschäftigungen; der Umgang mit Konflikten – genug! Der perfektionistisch gefährdete Vater oder die übergewissenhafte Mutter wird die ihr gestellte Erziehungsaufgabe sehr ernst nehmen, liebevoll ernst und vielleicht mitunter auch allzu ernst. Es fehlt ja auch nicht an gutem Rat, und so steht in Küche oder Wohnzimmer eine ganze Reihe von Ratgeberbüchern. Sie wollen uns die Aufgabe der Erziehung erleichtern, machen sie allerdings manchmal auch schwer, denn im Zeitalter der Humanwissenschaften mit ihren hohen Ansprüchen beruht jeder gute Rat auf wissenschaftlicher Einsicht: Studien haben gezeigt ...; eine Untersuchung hat bewiesen ...; neuere Untersuchungen haben die Auffassung älterer Untersuchungen widerlegt, wonach ... – da möchte man nichts falsch machen. Doch ausgerechnet mit diesem ehrlichen Wunsch wächst die Sorge, etwas falsch zu machen, und mit dieser Sorge schleichen sich perfektionistische Einstellungen ein. Sie breiten sich aus wie ein Gift, das unseren Kindern nicht guttut.

Woran kann ich erkennen, ob sich in meinem Erziehungsprogramm ein bedenklicher Überernst eingenistet hat? Ein Indiz ist wohl, dass Kinder, die in einem perfektionistisch bestimmten Erziehungsklima aufwachsen, im Übermaß beobachtet und kontrolliert werden. Sie haben wenig Chancen, sich selbst zu entdecken, ihre eigenen Spiele zu kreieren, selber Lösungen für ihre Probleme zu finden. Sie dürfen keine Geheimnisse haben, und das kann ziemlich schlimm sein.

Ein zweites Indiz: Wer perfektionistisch gesonnen ist, muss viel vergleichen: sich selbst mit dem, wie andere Mütter und Väter mit ihrem Kind umgehen, und sein Kind mit den Kindern der anderen, wie die sich entwickeln, was die machen, was sie können, was sie dürfen. Ein rechter Perfektionist ist nur mit Superlativen zufrieden: „Spieglein, Spieglein an der Wand, wer hat das tollste Kind im Land?"

So baut man sich ein Denkmal, dessen Sockel aus den Fehlern und Schwächen der anderen besteht. Am Ende hat man ein pflegeleichtes Vorzeigekind, aber solche Vorzeigekinder sind oft nicht wirklich glücklich, und so manches Kind, das einmal mit elterlichem Stolz als pflegeleicht deklariert wurde, trifft man später in den Sprechzimmern der Therapeuten.

Dabei ist auf Seiten von Vater und Mutter so unendlich viel guter Wille im Spiel! Wie viele Eltern sind beseelt von dem Wunsch: Mein Kind soll nicht unter mir leiden! Auf keinen Fall! Wer selbst unter den Fehlern und Schwächen von Vater oder Mutter gelitten hat, wird so denken. Aber jeder Vater und jede Mutter muss wissen, dass beides wahr ist: Mein Kind wird durch mein Bemühen und mit Gottes und der Engel Hilfe behütet und bewahrt bleiben. Es wird von uns ins Leben geführt werden, in ein gutes, ein lebenswertes Leben. Es wird aber auch zuzeiten unter mir leiden, ganz bestimmt, und hoffentlich nicht zu viel!

Aber das darf man allen Kindern dieser Welt wünschen: Dass diejenigen, denen sie anvertraut worden sind, ein unbändiges Vertrauen haben in das große, starke Leben, das diese Kinder ins Leben gerufen hat und in ihnen lebt. Der viel zitierte Satz „Unkraut vergeht nicht" kann ein wunderbarer Satz sein. Wenn sich in ihm ein gelassenes Vertrauen in die Urkraft des Lebens ausspricht, ist er ein ausgezeichnetes Medikament gegen das Gift eines zwanghaft entarteten Vollkommenheitsstrebens.

Aber es steht doch geschrieben ...

Wir haben ein recht kritisches Bild vom Tun und Verhalten des Perfektionisten entworfen. Es sollte aber auch deutlich geworden sein, dass er eine zutiefst tragische Figur ist, ein Mensch, der leidet und leiden macht. Er hat das hohe Ziel der Vollkommenheit auf seine Fahnen geschrieben, und damit tut er sich und seinen Mitmenschen nichts Gutes. Aber gegen diese Sicht wird sich Widerspruch regen, ein Widerspruch, der sich auf das Wort der Bibel stützt. Es steht doch geschrieben: „Darum sollt ihr vollkommen sein, gleichwie euer Vater im Himmel vollkommen ist." So hat es Jesus selbst gesagt, und der Evangelist Matthäus hat es in der Bergpredigt Jesu aufgezeichnet (Matthäus 5,48).

Das Wort scheint einfach und klar: „Ihr sollt vollkommen sein." Aber ein Theologe, der der Heiligen Schrift ehrfürchtig begegnet, wird auch bei dem scheinbar so eindeutigen Wortlaut sorgfältig fragen, was da eigentlich steht und wie es wohl gemeint ist. „Vollkommen" – was ist das? Es steht ja nicht „perfekt" da, nicht „fehlerlos" oder gar „unfehlbar", sondern „vollkommen". Was ist „vollkommen"?

Das Wort gehört zu einer kleinen Gruppe von Tätigkeitswörtern, in denen das Eigenschaftswort „voll" einem Tun vorgeschaltet ist: voll-enden, voll-bringen, voll-führen, voll-strecken, voll-ziehen. Die Vorsilbe meint, dass jemand etwas bis zum gemeinten Ende oder Ziel bringt. So bedeutet das Wort „vollkommen", dass jemand wirklich durchhält, bis er ans Ziel gekommen ist. Das Gegenteil wäre demnach, dass jemand auf halbem Wege stehen bleibt. Wir kennen das: Jemand läuft munter los, aber er erreicht das Ziel nicht, sondern gibt das Rennen vorzeitig auf. Keine Lust mehr oder keine Kraft. Dann würde das Wort Jesu die Christen davor warnen, nach gutem Start auf halbem Weg stehen zu bleiben und so das angestrebte Ziel zu verpassen.

Der geschulte Ausleger wird sich allerdings auch mit dieser wirklich guten Erklärung noch nicht ganz zufrieden geben. Er wird nach dem Urtext fragen. Der Evangelist Matthäus hat sein Evangelium ja auf Griechisch geschrieben. Welches griechische Wort entspricht hier (und an vielen anderen Stellen im Neuen Testament) dem deutschen Wort „vollkommen"? Das griechische Wort heißt „teleios", ein Eigenschaftswort, das zu dem Hauptwort „telos" = „Ende", „Ziel" gehört. „Teleios" hat einen weiten Bedeutungsrahmen. Wollte man das griechische Wort im Deutschen nachahmen, so müsste man sagen: „teleios" heißt „zielig", also „zielstrebig", „zielgerichtet". Wer „teleios" ist, ist erst zufrieden, wenn er am Ziel ist, fertig, ausgereift oder, aus dem Gegensatz heraus formuliert: jemand, der nicht das Ziel aus dem Auge verliert, der nicht am Ziel vorbeischießt, der nicht halbfertig oder unreif ist. Das kommt dem, was wir bei dem deutschen Wort „vollkommen" beobachtet haben, sehr nahe: nicht auf halbem Weg stehen bleiben, sich nicht mit Halbheiten zufriedengeben, konsequent sein und zielstrebig handeln.

Und was entspricht dem „ihr sollt" im griechischen Text? Hier wartet eine überraschende Entdeckung auf uns. Im Griechischen lesen wir das Wort „esesthe", und das heißt nicht „sollen"; „esesthe" ist eine Zukunftsform und heißt: „ihr werdet sein".

Auf das „ihr werdet" müssen wir gleich noch einmal zurückkommen. Einem rechten Schriftgelehrten genügt es nicht, wenn er den griechischen Urtext nachgeschlagen hat, denn auch der griechische Text ist bereits das Ergebnis eines Übersetzungsvorgangs. Jesus hat ja nicht Griechisch gesprochen, sondern Aramäisch, eine semitische Sprache also. Das Wort, das hier dem griechischen „teleios" entspricht, gehört zur hebräischen Wurzel „tam" oder „tamim". Im Älteren Testament finden wir diese Wurzel beispielsweise in Gottes Anrede an Abraham: „Wandle vor mir und sei *fromm*" (1. Mose 17,1). Das hebräische Wort (bzw. seine aramäische Entsprechung) bedeutet „vollständig", „ganz", „unversehrt", „fertig", aber auch „aufrichtig", „zuverlässig", nicht hinterhältig oder doppelzüngig, sondern redlich, vertrauenswürdig oder, wie Luther noch übersetzen konnte, „fromm" – ein Wort, das damals noch keinen unangenehmen Beigeschmack hatte und etwa dem entsprach, was wir mit dem Wort „treu" bezeichnen. Im Mund Jesu hat das Wort „vollkommen" also den Klang von Ganzheit und Redlichkeit.

Und wie steht es mit dem „ihr sollt" im deutschen Text bzw. dem „ihr werdet" des griechischen Evangeliums? Ein solcher Ausdruck existiert in den semitischen

Sprachen überhaupt nicht! Wohl gibt es eine Form des Tätigkeitswortes, die andeutet, was der Sprachwissenschaftler eine modale Nuance nennt, ein Sollen also oder Müssen, ein Dürfen, ein Können, aber auch ganz einfach ein Werden, das sich als Konsequenz aus etwas Vorgegebenem ergibt. Während unsere Sprache zwischen diesen Möglichkeiten präzise zu unterscheiden vermag, lässt die Formenbildung in den semitischen Sprachen in der Schwebe, welche Modalität gemeint ist. Wie aber soll der Hörer in einer solchen Sprache wissen, ob er das, was mit dem Tätigkeitswort angesagt ist, tun darf, soll, kann, wird? Er hört es aus dem Klang der Stimme! Und er versteht das Gemeinte aus Situation und Zusammenhang!

Der Zusammenhang? Zum Glück lässt uns der Evangelist hier nicht im Stich. Er überliefert, dass Jesus die Forderung des „Vollkommenseins" am Beispiel des himmlischen Vaters festmacht: „Gleichwie euer himmlischer Vater vollkommen ist." Für dessen „Vollkommenheit" gibt er ein anschauliches Doppelbeispiel (Vers 45): „Er lässt seine Sonne aufgehen über die Bösen und über die Guten und lässt regnen über Gerechte und Ungerechte." Darum also geht es: Das Leben der Jünger Jesu soll ein Zeugnis der vorbehaltlosen Gottesgüte sein, es soll diese ungeteilte Güte spiegeln, und darum sollen sie die Menschheit nicht aufspalten; sie sollen die Menschen nicht einteilen in Freunde und Feinde, in Liebenswerte und Nichtliebenswerte, in Willkommene und Unwillkommene – grenzenlos großzügig wie Gott selbst (Vers 44)!

Hier schließt sich der Kreis. Gottes Güte zerreißt die Menschheit nicht. Er benachteiligt niemanden, und darin sollen sich Jesu Jünger als echte Gotteskinder erweisen (Vers 45), als Menschen, denen der himmlische Vater das göttliche Gen seiner göttlichen Barmherzigkeit weitergegeben hat. Die schrankenlose Gottesgüte ist Ziel und Maßstab; hier gilt es, nicht auf halbem Wege stehen zu bleiben, und das ist etwas ganz anderes als Perfektion und Fehlerlosigkeit.

Ich habe mich bemüht, die schwierigen Übersetzungsprobleme, vor die uns das Kernwort aus der Bergpredigt stellt, verständlich darzustellen. Vielleicht wird trotzdem mancher Leser und manche Leserin damit Mühe haben. Ist Übersetzen ein so kompliziertes Geschäft? Aber der Weg von einer Sprache in die andere, und das heißt immer auch: von einer Seh- und Denkweise in die andere, ist ein beschwerlicher Weg, auf dem immer wieder „Wacken und Klötze" das leichte Gehen erschweren, wie es der geniale Übersetzer Martin Luther gesagt hat. Aber die Mühe lohnt sich, und sie muss sein, wenn uns das Wort der Heiligen Schrift nicht unversehens zur Falle werden soll, in die wir gedankenlos und leichtfertig hineintappen. Wer aber Zeit hat und Lust verspürt, das hier Gesagte auf andere Stellen anzuwenden, an denen Worte wie „vollkommen" und „Vollkommenheit" begegnen, mag selbst prüfen, ob sich unsere Deutung anderswo bestätigt oder nicht.

Ein Blick in die innere Welt

Wir haben dem Perfektionisten bei seinem Tun ein wenig über die Schulter geschaut. Wie aber mag es in seinem Inneren aussehen? Der Perfektionist selbst wird sich in der Regel nicht sehr auskunftsbereit zeigen, wenn wir ihn nach seinem Innenleben fragen. Er hat die Fenster seines Hauses verhängt, damit niemand hineinsehen kann. Je mehr jemand einzig der Pflicht verpflichtet ist, um so mehr wird er die innere Welt und ihre Abläufe für unwesentlich halten. Er wird es kaum verstehen, wenn jemand sich an ihr interessiert zeigt. Wir werden den an seinem Vollkommenheitsstreben leidenden Menschen jedoch nicht verstehen und dieser wird sich auch selbst nicht begreifen, wenn er alle Fragen nach inneren Vorgängen und Regungen abwehrt. Auf der inneren Bühne agieren starke Figuren. Hinter dem zugezogenen Vorhang spielt sich so manches Drama ab. Diesem Drama wollen wir uns jetzt zuwenden.

Der brutale Ausbeuter

In unserem Inneren lassen sich viele Stimmen vernehmen. Sie reden den ganzen Tag, sie sagen dies und das, und sie reden miteinander und durcheinander. Manche Stimmen klingen stärker, andere dagegen schwächer. Einige lassen sich identifizieren, weil sie immer wieder dasselbe sagen. Eine unter ihnen ist die Stimme des brutalen Ausbeuters. Im Innenleben eines Perfektionisten spielt sie eine mächtige Rolle. Der Ausbeuter verlangt viel und ist nie richtig zufrieden. Sein Erkennungszeichen sind die fordernden Komparative, die harschen Steigerungsformen wie: Mehr! Noch mehr! Weiter! Schneller! Genauer! Sorgfältiger! Besser!

Auf der anderen Seite gibt es ein Wort, das im Sprachschatz des Ausbeuters so gut wie nie vorkommt, das Wort „genug". Der Ausbeuter kennt kein „genug", vor allem kein „gut genug". Er kennt nur eines: Er treibt ständig und unerbittlich zu vermehrter Leistung an. Er erhöht die Normen und nimmt keine Rücksicht auf Müdigkeit oder Erschöpfung. Der Perfektionismus hat eine unselige Zwillingsschwester: die Überforderung.

Spüren wir, dass wir in einer Gesellschaft leben, der das köstliche Wort „genug" immer mehr abhanden kommt? Fühlen wir die unerbittliche und unmenschliche Härte der verbreiteten Devise: „Mit immer weniger Personal immer mehr Profit machen", dem unsere Arbeitswelt bedenkenlos folgt?

Woher kommt diese ausbeuterische Stimme? Was hat sie in meinem Innenleben zu suchen? Mit welchem Recht stellt sie ihre unbarmherzigen Forderungen? Eines sollte klar sein: Es ist jedenfalls eine fremde Stimme und nie und nimmer meine eigene, die meine persönlichen Rechte und Interessen wahrt. Es ist die Stimme einer Besatzungsmacht, die widerrechtlich in mich eingedrungen ist und sich in meiner Seele eingenistet hat. Sie droht. Sie schüchtert mich ein. Sie bringt meine eigene Stimme zum Schweigen, sodass ich mich selbst kaum noch vernehmen kann. Woher kommt die fremde Stimme? Manchmal lässt sich beobachten, dass wir es hier mit der Verinnerlichung von Stimmen zu tun haben, die in frühen Jahren auf uns eingeredet haben, die Stimme von Vater oder Mutter, von Lehrern oder Vorgesetzten, von Menschen, vor denen wir uns als Kind gefürchtet haben, denen man nichts recht machen konnte. Sie sind vielleicht schon längst gestorben, aber in unserem Inneren leben sie weiter. Sie treiben ihr unerlöstes Unwesen in dem Menschen, den sie beherrschen, und machen aus ihm einen unglücklichen Sisyphus, für den es weder Feierabend noch Sonntag gibt.

Der unerbittliche Ankläger

Mit der Stimme des Ausbeuters verbindet sich gerne eine zweite Stimme zu einem unheimlichen Duett: die Stimme des Chefanklägers, des Staatsanwalts. Unerbittlich klagt diese Stimme alle meine Fehler und Versäumnisse an, die großen und die kleinen und am liebsten die allerkleinsten. Dieser Ankläger wird immer etwas finden. Er hat ein fotografisches Gedächtnis für alles, was ich in meinem Leben falsch gemacht habe. Der Staatsanwalt schläft nicht; er wird nicht müde, mir meine Verfehlungen vorzuhalten, bei Tag und erst recht bei Nacht, ja, ganz besonders bei Nacht. Und leider hat er immer recht. Er kommt immer mit den stärksten Argumenten, treibt mich in die Enge, zerschmettert meine schüchternen Einwände, macht meine Entschuldigungen lächerlich. Ganz infam und theologisch leider kaum zu widerlegen ist seine Behauptung, dass es keine kleinen Sünden gibt. Die kleine Sünde ist immer die ganze Sünde. Im Bilde gesprochen: Es gibt im Leben keine kleinen Kratzer, die man gnädig übersehen kann, oder Beulen, die zwar nicht hübsch aussehen, aber das Auto fährt doch noch ganz gut – nein, es gibt nur Totalschaden.

Dem entspricht auf der anderen Seite die Erfahrung, dass ich aus dem Mund des Chefanklägers nie und nimmer ein Wort der Anerkennung hören werde. Die lieblichen Worte, mit denen der Herr im Gleichnis Jesu den begrüßt, der sich redlich gemüht hat, das „Ei, du frommer und getreuer Knecht!" (Matthäus 25,21) werde ich von ihm nicht hören. Meinen Brüdern und Schwestern im Glauben geht es offenbar nicht besser. Zwar sind es im Gleichnis immerhin zwei Drittel der Arbeitnehmer, denen diese köstliche Anrede zuteil wird, aber mir ist noch keiner begegnet, der sich selbst in den so Angesprochenen erkennen wollte. Wir hören immer nur die Plädoyers des Oberstaatsanwalts, der jeden der Treulosigkeit überführt und zu allen nur erdenklichen Erden- und Höllenstrafen verdammt.

Wo der Staatsanwalt das Wort hat, wo er in meinem Herzensforum das erste und das letzte Wort spricht, habe ich nichts zu lachen. Da werde ich meines Glaubens nie richtig froh und denke am Ende vielleicht sogar, dies sei der tiefste Sinn des Christentums: mich klein zu halten, meinen Willen und meinen Stolz zu brechen, mir Lebenslust und Selbstbewusstsein zu rauben und mich in Zeit und Ewigkeit von jeder Freude auszuschließen.

Der gemeine Betrüger

Aber da ist noch eine dritte Stimme, die in unserer Aufzählung nicht fehlen darf: die Stimme eines gemeinen Betrügers. Und wie Betrüger es so an sich haben, sie verstehen sich auf die Kunst der Verstellung. Sie argumentieren überzeugend, sie schmeicheln oder drohen, und obwohl ich das doch eigentlich längst weiß, falle ich immer wieder auf die Verführungskünste dieses Erzbetrügers rein, der mich um das gute, mir von meinem Schöpfer zugedachte Leben betrügt.

Denn das ist das eigentlich Schlimme, was ein fortgeschrittener Perfektionismus, was wachsende Zwanghaftigkeit mit sich bringt: Ich werde um das wahre Leben betrogen. Während ich mich verzweifelt und letzten Endes erfolglos abmühe, dem unendlichen Chaos ein kleines bisschen Vollkommenheit abzugewinnen, wird mein Lebensraum immer kleiner, meine Bewegungen immer enger und starrer, und ich merke es kaum. Die Bereiche, in denen sich meine perfektionistischen Neigungen austoben können, sind ja riesig – und doch gehen mir zur selben Zeit unglaublich viele Lebensmöglichkeiten verloren. Wenn ich alles nur richtig machen will, wenn ich überall Ordnung schaffen muss, erstirbt der Sinn für das Leben in seiner atemberaubenden Vorläufigkeit, mit seinem mitunter beängstigenden Mangel an Eindeutigkeit, mit seinen zahllosen Zwischentönen und Grauzonen, die sich einem klaren Entweder-oder entziehen. Sie entschwinden meinem Bewusstsein; wo sie sich aber doch zu Wort melden, kann ich sie nicht gelten lassen.

So werden vor allem meine Sinne stumpf. Sie sind ja eigentlich die mir von Gott gegebenen Sensoren für die verwirrende Fülle der Erscheinungen und Möglichkeiten. Sie lassen mich die Widersprüchlichkeiten fühlen, die Lust und die Trauer über die zahllosen Unvollkommenheiten des Daseins, zumal unseres menschlichen Daseins. Hand in Hand mit einem unerbittlichen Perfektionismus geht eine empfindliche Wahrnehmungsstörung. Sie mag mir selbst wenig oder überhaupt nicht bewusst sein. Die anderen jedoch merken es bald, wenn ich sie mit ihren Kompliziertheiten, ihren Unklarheiten und Unsicherheiten, ihren Widersprüchen und ihrer (scheinbaren) Verantwortungslosigkeit kaum noch wahrnehme. Ich mache sie leiden, indem ich ihre Schmerzen nicht ernst nehme und auf ihre Schwierigkeiten nur mit den harten, simplen Rezepten einer perfektionistischen Weltsicht reagiere.

Jesus hat dieses Problem deutlich gesehen und mit äußerst scharfen Worten angesprochen: „Weh euch, Schriftgelehrte und Pharisäer, ihr Heuchler, die ihr verzehntet Minze, Dill und Kümmel und lasset dahinten das Wichtigste im Gesetz, nämlich das Recht, die Barmherzigkeit und den Glauben!" (Matthäus 23,23). So sah Jesus die Perfektionisten seiner Zeit; sie übten die Treue gerade auch in den kleinsten Dingen und darum verzehnteten sie nicht nur die Erträge ihrer Äcker treu und gewissenhaft, sondern auch die winzig kleinen Küchenkräuter wie Minze, Dill und Kümmel. Sollte Jesus sie nicht wegen ihrer Treue loben? Doch der Herr sieht, was den treuen Frommen fehlt: der Sinn für das „Wichtigste im Gesetz", wörtlich übersetzt: für die gewichtigeren Anliegen der Tora, ja, das Gefühl für die Hauptsache ist erstorben. Was aber ist die Hauptsache? Jesus nennt drei Stichworte: Recht, Barmherzigkeit und Glauben.

Wir müssen uns diese drei Begriffe ein wenig in unsere Sprach- und Vorstellungswelt übersetzen. Recht ist im biblischen Sprachgebrauch vor allem das Recht des Schwächeren. Das biblische Rechtssystem weist dem Richter nicht nur die Rolle der neutralen Entscheidungsinstanz über den streitenden Parteien zu. Der biblische Richter ist immer auch ein Schlichter und, vor allem anderen, der Anwalt der Schwachen und Bedrängten, die Hoffnung der Armen und derjenigen, die von Menschen um ihr Recht betrogen worden sind. Das aber fehlt den Perfektionisten: Die Schwachen haben bei ihnen nichts zu lachen. Für die vielen, die es nicht schaffen, den steilen Forderungen zu genügen, nach denen sie selber leben, haben sie nur Verachtung übrig.

So fehlt es ihnen dann auch an Barmherzigkeit. Es ist erschütternd, wie intolerant und unbarmherzig ein Perfektionist sein kann, wie hart seine Urteile sind, wie unduldsam und ungeduldig, wie er überall nur Fehler und Mängel wahrnimmt. Ist er mit seinem allezeit tadellos geputzten Auto unterwegs, sieht er sich umgeben von lauter Bummlern und Dränglern, von Rasern und Falschparkern, und dann vermiest er seinen Mitfahrerinnen die Freude am Fahren mit einer nicht enden wollenden Kaskade von Fehlermeldungen und Beschimpfungen. Oder in der Kirche: Pfarrer und Organistin machen so ziemlich alles falsch, was man nur irgend falsch machen kann, und das Gespräch nach dem Gottesdienst wird zum unbarmherzigen Scherbengericht.

Schließlich klagt Jesus über den fehlenden Sinn für den „Glauben". Bei diesem Wort sollten wir nicht an Glaubensregeln oder Glaubensbekenntnisse denken. In unserem Zusammenhang übersetzen wir das Wort aus dem Urtext am besten mit „Vertrauen". Ja, manche Perfektionisten sind misstrauische Zeitgenossen, und je mehr Fortschritte sie in ihrem Vollkommenheitsstreben machen, umso größer wird ihr Misstrauen. Sie wittern überall Fehler und Fehlhaltungen, und da die menschliche Gesellschaft hinreichend Fehler produziert, werden sie ständig in ihrer Einstellung bestätigt. Der Perfektionist wird zum einsamen Helden; er sieht sich als den einzigen Treugebliebenen inmitten einer „massa perditionis", wie die lateinische Kirchensprache von der Menge der Verkommenen und Verworfenen sprach. In einer Schar von Verschwendern sieht er sich als den Einzigen, der mit dem Geld verantwortlich und gewissenhaft umgeht. Inmitten Ungezählter, die Bibelglauben und Frömmigkeit auf dem Markt der Möglichkeiten verschleudern, erfahren Perfektionisten sich als die Einzigen, denen Gottes Wort noch etwas gilt. So wittern sie überall Gefahr, Verrat, Verfall und Dekadenz. Die anderen aber leiden, denn in der Nähe von notorisch misstrauischen Menschen lebt sich's nicht gut, weder zu Hause noch am Arbeitsplatz, weder in der Schule noch im Urlaub.

Das Wort Jesu ist sehr scharf formuliert: „Wehe euch!", ruft er den Perfektionisten zu. Aber es ist nicht die gnadenlose Schärfe des Fanatikers, die aus diesen Worten spricht. Es ist die Schärfe des Verzweifelten, der weiß, wie schwer es ist, einen Perfektionisten zur Umkehr zu bewegen. Wenn es einem Menschen an „Recht, Barmherzigkeit und Glauben" mangelt, fehlt ihm Wesentliches. Solcher Mangel ist keine Bagatelle. Aber das ist das Werk dessen, den die Bibel als „Lügner und Vater der Lüge" bezeichnet (Johannes 9,44), dass er das Kleine groß und das Große klein erscheinen lässt. Er redet das Schöne hässlich und tüncht das Hässliche mit schönen Farben. Er streut uns Sand in die Augen, sodass sie schläfrig werden und, wenn sie erst einmal richtig abgestumpft sind, kein Gefühl mehr haben für die feine, unsichtbare Grenze zwischen gesunder Gewissenhaftigkeit und krankhafter Skrupulosität.

So wird der Perfektionist wirklich zu einer tragischen Figur: Er sitzt am Fluss des Lebens und traut sich nicht hinein. Vielleicht zieht er ab und an wenigstens die Socken aus und macht ein paar Storchenschritte im seichten Wasser am Uferrand, wo er immer bis auf den Grund sehen kann, aber er weiß nichts von der Tiefe und von der Strömung, die ihn tragen möchte. Er weiß vor allem nichts von den Schätzen der Tiefe, die darauf warten, dass wir sie da entdecken, wo wir keinen Grund mehr sehen. „Traust du dich nicht ins Tiefe?" Ich höre sie noch, die Frage eines anderen Jungen, der mich, damals noch Nichtschwimmer, im sicheren Nichtschwimmerbecken des Freibades entdeckt hatte. Es dauerte lange, bis ich die Lust an der Tiefe entdeckte und die Angst vor dem Unergründlichen überwand. Der brutale Ausbeuter, der unerbittliche Ankläger und der gemeine Betrüger – drei Gestalten, drei Rollen sozusagen, aber es ist immer derselbe Schauspieler, der sie spielt. Hinter jeder seiner Masken verbirgt sich der, den Martin Luther den „altbösen Feind" nennt und von dem er mit vollem Recht sagt:

Groß Macht und viel List
sein grausam Rüstung ist.
Auf Erd ist nicht seinsgleichen.

Unermessliches Leid entsteht auf den traurigen Wegen des Vollkommenheitszwanges. Da ist viel ungelebtes Leben, und das heißt immer auch: nicht wahrgenommene Freude, verfehltes Glück. Aber wo ein Mensch den Mangel spürt, wo er seine Schmerzen fühlt, da kann ihm auch geholfen werden. Und wenn er zum ersten Mal ahnt, dass dies Leid nicht sein muss, dass es durchaus nicht gottgewollt ist, dann ist das Rettende nah. Wenn das Leid mir die Zunge löst, sodass ich mit den Worten der Leidenden in der Bibel „Herr Jesus, erbarme dich meiner!" rufe, dann ist mir schon geholfen.

Auswege aus der Falle

Nur das Leben macht lebendig

Wer kann mich erlösen aus der Gewalt dessen, der mich um das Leben betrügt? Wer hilft mir im Kampf gegen den, der Leben verspricht und Tod bringt? Wer nimmt mich in Schutz gegen den Chefankläger, der angesichts meiner Schuldgeschichte auf die schlimmsten Strafen plädiert?

Nur das Leben macht lebendig. Niemand anders als das Leben kann mich dem Leben zurückgeben. Wenn Christen vom Leben sprechen, meinen sie nicht ein Abstraktum oder einen biologischen Begriff. Mit dem Wort „Leben" verbindet sich eine Person, ein Name, ein menschliches Antlitz, eine menschliche Stimme: Jesus Christus, der von sich sagt, er sei „der Weg, die Wahrheit und das Leben" (Johannes 14,6) oder „die Auferstehung und das Leben" (Johannes 11,25). Leben entsteht aus Leben, und nur wo echtes Leben ist, wird Scheinleben überwunden und neues Leben gezeugt und geboren. Wo unser Leben in Perfektionismen erstarrt ist, brauchen wir die Begegnung mit dem, der das Leben in Person ist.

Nun gibt es allerdings Sätze, die absolut korrekt sind und doch wenig oder gar nicht helfen. Es gibt Wahrheiten, die auf bester biblischer Begründung beruhen und doch kraftlos bleiben. Kein Mensch wird durch

Richtigkeiten gesund. Dem Perfektionisten fehlt es an einigen wesentlichen menschlichen Grunderfahrungen, ohne die unser Leben nicht gedeihen kann. Er weiß zu wenig von Güte und Milde und von ihrer verwandelnden Kraft. Vom Recht des Schwächeren (das ja sein eigenes Recht sein könnte), von Barmherzigkeit, Duldsamkeit und Vertrauen hat er wenig Ahnung. Solche Mangelerscheinungen werden nicht durch korrekte Lehren aufgefüllt, sondern durch Begegnung und Erfahrung. Das Leben muss mich berühren; die Stimme des Lebens, der Lockruf des Lebens muss mich herausrufen aus dem Grab meiner lebensfeindlichen Vollkommenheitsbemühungen. Es müsste mir gehen wie Lazarus, den Jesus mit dem mächtigen Wort „Lazarus, komm heraus!" aus seinem Grab rief. Dabei wird dieser Lockruf wohl viele Male ertönen müssen. Es war ja ein langer Weg, der irgendwann im Perfektionismus geendet hat. Es wird auch ein langer Weg sein, der mich aus der Knechtschaft in die Freiheit führt. So bedarf es wohl einer geduldigen Einübung, bis die goldrichtige Wahrheit in mir Wurzeln geschlagen hat, sodass sie in mir wachsen und gedeihen kann. Dabei gibt es viele Möglichkeiten, denn „Er weiß viel tausend Weisen, zu retten aus dem Tod", wie es Paul Gerhardt in einem seiner Lieder gesungen hat. Einige Möglichkeiten, die sich als hilfreich und heilsam erwiesen haben, wollen wir in den folgenden Abschnitten vorstellen.

Einen Anwalt finden

Wer bringt den Chefankläger in mir zum Schweigen? Wer verteidigt mich gegen seine vernichtenden Strafanträge? Das Wort „Anwalt" hat für viele Menschen keinen guten Ruf. Es riecht nach peinlichen juristischen Auseinandersetzungen und Spitzfindigkeiten. Am besten ist es, wenn man keinen braucht. Aber es gibt Situationen in unserem Leben, da brauchen wir unbedingt einen, der uns gegen ungerechtfertigte Anklagen und gegen unberechtigte Forderungen verteidigt. Sich selbst verteidigen müssen ist eine schwere Last und endet schließlich doch in einer Niederlage. Da ist es schon besser, wenn ich die Sache meinem Anwalt übergeben kann.

Meinem Anwalt? Wer könnte das sein? In unserer religiösen Sprache kommt das Wort und die Vorstellung kaum vor. Die Welt des Glaubens kennt wohl den Richter und die von ihm verhängten Strafen, aber keinen Anwalt. Und doch gibt es ihn in der Bibel, und zwar in einem wichtigen Zusammenhang. In der Lutherbibel und in vielen anderen Übersetzungen hat der Anwalt sich freilich in einem anderen Wort versteckt, in dem Wort „der Tröster". Mit diesem Wort spricht Jesus in den Abschiedsreden des Johannesevangeliums vom Geist Gottes, den die Jünger empfangen sollen, wenn Jesus diese Welt verlassen haben wird (Johannes 14,16.26; 15,26; 16,7 ff.). Mit „Tröster" übersetzt Luther das griechische Wort „parakletos". Dieses entspricht genau dem lateinischen Wort „advocatus", also dem

Advokat oder Anwalt in unserer Sprache. „Advocatus" bzw. „parakletos" heißt in wörtlicher Wiedergabe so viel wie „der Herbeigerufene", der Anwalt, den ich in höchster Bedrängnis zur Hilfe rufe, damit er meine Sache vertritt.

So ist es Gottes Geist und das heißt letztlich Gott selbst, der meine Sache übernimmt und mich gegen den Chefankläger in Schutz nimmt. Und wie argumentiert dieser Anwalt? Er hat nur ein einziges einfaches, aber schlagendes Argument: Dieser Mensch ist Gottes Kind! Und alles andere interessiert nicht! Dieses Kind Gottes muss sich nicht beweisen. Es muss nicht durch Leistung und schon gar nicht durch perfekte Leistung den Adelstitel der Gotteskindschaft erwerben. Es wird diesen Titel auch nie verlieren, selbst wenn der Ankläger behauptet, dass es dieses Titels nicht würdig ist. Der Ankläger geht immer von falschen Voraussetzungen aus. Er spricht von nicht bestandenen Prüfungen, zählt Fehler und Versäumnisse auf und tut so, als sei die Gotteskindschaft so etwas wie eine Leistungsprüfung, bei der man durchfallen kann.

Solche Einsichten helfen allerdings nur, wenn sie mehr sind als theologische Lehrsätze. Die Erfahrung nährt den Glauben. Darum braucht der Perfektionist so dringend die Begegnung mit Menschen, die sich weder für seine Leistungen noch für seine Fehler interessieren. Wie wohltuend ist für ein Kind die Begegnung mit jemandem, der nicht nach seinen Schulzensuren fragt, weil er Liebe und Lob nicht von Leistungen abhängig macht. Solche Menschen treten mit dem, was sie tun und was sie sagen, für die elementaren Kindesrechte ein, und mit ihrer Stimme verstärken sie die ureigene Herzensstimme, die das Kind seiner Gotteskindschaft versichert. Gegen die Wahrheit dieser Stimme hat die brutale Anklägerstimme keine Chance.

Wo sich perfektionistische Neigungen zu einem ernsthaften Zwang ausgewachsen haben, ist eine ernsthafte Therapie angebracht. Nun gibt es heute eine fast verwirrende Fülle therapeutischer Ansätze und Methoden. Aber wie auch immer eine Therapie strukturiert sein mag, etwas sollte in ihr auf keinen Fall fehlen: dass ich in meiner Therapeutin oder meinem Therapeuten einen kompetenten und zuverlässigen Anwalt aller meiner Lebensrechte und Interessen habe.

Freiheitsgeschichten

Wer je in seinem Leben unter der Knute eines harten Ausbeuters gestanden hat, wer den Druck verspürt, den die perfektionistische Ausbeuterstimme ausüben kann, der braucht Geschichten, Freiheitsgeschichten vor allem. Das sind die wunderbaren Erzählungen, die von Menschen berichten, die den Weg aus der Knechtschaft in die Freiheit geführt worden sind. Wir finden sie in der Bibel, vor allem natürlich in Gestalt der Überlieferung vom Auszug der Israeliten aus dem pharaonischen Arbeitshaus Ägypten in das ihnen von Gott versprochene Land, oder in der Erzählung von Daniel, der aus der Löwengrube gerettet wurde. Wir finden sie aber auch in vielen außerbiblischen Büchern wie etwa in der Geschichte von dem Fischerjungen Shasta, den sein Stiefvater als schiffbrüchiges Baby aus dem Meer gerettet hat und der nun bei seinem Lebensretter ein elendes Leben in harter Fron führt und (noch) nicht weiß, dass er eigentlich einer der Könige von Narnia ist und dass eine Krone auf ihn wartet (C. S. Lewis, *Der Ritt nach Narnia*). Solche Geschichten begründen Hoffnung. Sie sind wirksame Arzneien gegen das resignierte „hat ja doch keinen Zweck", gegen mutloses Verzagen und Verzweifeln.

Aus solchen Geschichten dringt der Lockruf der Freiheit an mein Ohr. Es mag sein, dass das Verlangen nach Freiheit in mir nahezu erstickt ist in Gründlichkeits- und Präzisionsstreben, in Reinlichkeits- und Vollkommenheitsidealen – aber ganz erloschen ist die Sehnsucht nach dem eigenen, nicht mehr fremdbestimmten Leben ganz bestimmt nicht. Es ist noch Glut unter der Asche! Jemand mag hoffnungslos verschüttet sein, aber da sind doch noch Klopfzeichen zu hören! Freiheitsgeschichten sagen mir: Freiheit ist möglich, und die Erlösung ist näher, als du denkst!

Lesen ist gesund und macht gesund. Dabei ist es besonders schön, wenn ich nicht selber lesen muss, wenn ich jemanden habe, der mir vorliest. Dann kann ich es mir auf dem Teppichboden gemütlich machen. Dann kommen nicht nur Freiheitsgedanken zu mir, sondern Freiheitsklänge, Freiheitsmusik! Dann ist das Hören wie ein schöner Traum, in dem ich schaue, was aus meinem Leben werden kann und soll. Ich muss dann nicht viel nachdenken; ich genieße ganz einfach, was mir vorgelesen wird, und lasse die Bilder tief in mich einsinken. Dazu gehört natürlich auch, dass die Geschichte schön erzählt ist, in einer kraftvollen, nährstoffreichen, poetischen Sprache und mit einer guten Prise Humor angerichtet. Der Perfektionist leidet ja daran, dass das Leben für ihn zu oft bitterer Ernst ist. Da tun Geschichten gut, die diesem Überernst lächelnd und mit einem langen Geduldsatem begegnen und die überwürzte Mahlzeit wieder genießbar machen. Und wenn die gelesene Geschichte irgendwann zu meiner Geschichte wird, in der ich mich selbst wiederfinde, dann habe ich das große Los gewonnen.

Weisheitsgeschichten

Auch Weisheitsgeschichten sollte ein Perfektionist von Zeit zu Zeit „einnehmen". Weisheitsgeschichten? Das sind Geschichten, die von Klugheit erzählen und klug machen. Unter den Gleichnissen Jesu gibt es ein Beispiel, das perfektionistischen Anwandlungen wirkungsvoll Einhalt gebieten kann: das Gleichnis vom Unkraut unter dem Weizen (Matthäus 13,24-30). Da hat ein Landwirt guten Samen ausgesät, doch nach einiger Zeit sprießt nicht nur der Weizen aus dem Boden, sondern auch jede Menge Unkraut. Die Lohnarbeiter des Landwirts wollen das Unkraut in einer großangelegten Säuberungsaktion ausrotten, aber ihr Chef stoppt sie mit den Worten: „Lasset beides miteinander wachsen bis zur Ernte!" (Vers 30). Ihr würdet bei eurem Eifer Unkraut und Weizen zugleich ausraufen. Die Geschichte ist für heutige Leser allerdings nicht ganz leicht zu verstehen. Sie setzt voraus, dass das auszujätende Unkraut dem wertvollen Weizen zum Verwechseln ähnlich sieht. Zum andern hat der Landwirt in Jesu Gleichnis offenbar keine moderne Landwirtschaftsschule besucht. Er betreibt keinen intensiven Ackerbau, bei dem es darauf ankommt, dem Boden ein Maximum an Ertrag abzugewinnen. Ist er wirklich klug oder einfach nur rückständig? Jedenfalls zeichnet ihn eine aufreizende Gelassenheit aus, und aus dieser Haltung kommt seine Aufforderung „Lasset beides miteinander wachsen ...!"

Das Wort „lassen" ist ein Urwort des Glaubens. Es ist ein Ausdruck weiser Selbstbescheidung und schließt einen Gewaltverzicht in sich. Lassen entspringt souveräner Sorglosigkeit, die Gott tun lässt, was nur Gott tun kann, und ihm nicht in falschem Eifer und verbissener Gier ins Handwerk pfuscht. Lassen ist die große Kunst des Glaubens, eine Übung, an der der Glaube ein Leben lang zu lernen hat. Nur kluge Menschen verstehen sich auf das Lassen. Kluge Menschen, das meint etwas anderes als gebildete, gut ausgebildete Leute, etwas anderes als die Hochbegabten mit dem märchenhaften Intelligenzquotienten. Kluge Leute sind die wahren Lebenskünstler, die eine freundliche Fügung davor bewahrt hat, dem Vollkommenheits- und Rekordwahn unserer Zeit zu verfallen.

Zu einer Weisheitsgeschichte gehört aber immer

auch etwas anderes. Die kluge Pointe, die sie uns vermittelt, ist nur ein Aspekt ihrer Weisheit. Weisheitsgeschichten brauchen immer auch einen Weisen, der sie im richtigen Augenblick denen erzählt, die sie brauchen. Weisheitsgeschichten haben ihren Kairos, die ihnen gemäße Situation und den ihnen entsprechenden Zeitpunkt, und der ist nicht immer und überall gegeben. Auch tun sie keineswegs jedem Hörer gut. Jesu Gleichnis ist nichts für temperamentsarme, lebensunlustige und gleichgültige Typen, die immer nur darauf warten, dass ihnen die gebratenen Tauben in den offenen Mund serviert werden. Wer solchen Leuten die kluge Geschichte vom Unkraut unter dem Weizen erzählt, ist selbst ein Tor.

Wie man das Verlernen lernt

So einfach soll es sein, dass aus einem Perfektionisten ein barmherziger Menschenfreund wird? Geschichten hören – ist doch kinderleicht! Ja, aber was kinderleicht ist, das ist oft erwachsenenschwer, und mancher Perfektionist quält sich lieber mit etwas ganz Schwierigem ab, als sich auf etwas Kinderleichtes einzulassen. Vor ihm liegt eine eigentümlich paradoxe Aufgabe: Er soll etwas verlernen, und das, was er verlernen soll, ist eine Tugend, eine Tüchtigkeit, nämlich Sorgfalt und Gewissenhaftigkeit, Präzision und Gründlichkeit.

Etwas verlernen – wie macht man das? Das Wort „verlernen" gehört zu einer hochinteressanten Gruppe von Tätigkeitsworten. In unserer Sprache gibt es ein gutes Dutzend Verben, die sich dadurch auszeichnen, dass man von ihnen eigentlich keine Befehlsform bilden kann. Zu ihnen gehören Worte wie „vergessen", „verlieren", „verwechseln" und eben auch „verlernen". Nun kann man von diesen Worten selbstverständlich auch Imperative bilden, Befehlsformen im grammatischen Sinn der Formenlehre. Wir können sagen „vergiss!" oder „verlier!" Wenn wir diese Befehlsformen mit einer Verneinung verbinden, haben sie auch einen guten Sinn: „Vergiss den Hausschlüssel nicht!" „Verlier deine Fahrkarte nicht!" Aber eine positive Aufforderung „vergiss!" oder „verlier!" ist eigentlich unsinnig, denn Imperative richten sich an unseren Willen und unsere bewusste Absicht. Die hier angesprochenen Worte aber sind passiver Natur, Verben aus dem wunderbaren Bereich der Absichtslosigkeit. Verlieren ist etwas anderes als wegwerfen. Wenn ich etwas mit Absicht vergesse, habe ich es nicht wirklich vergessen. Eben hier liegt auch die Schwierigkeit beim Verlernen. Man kann nichts mit Absicht verlernen. Perfektionisten sind Weltmeister der Willenskraft und der Gutwilligkeit, aber nun wird etwas von ihnen erwartet, das gerade nicht mit dem Einsatz eines starken Gutwillens zu schaffen ist. Nicht um eine Leistung geht es, sondern um ein Zulassen.

Wie aber lernt man das Verlernen? Es stellt sich von alleine (!) ein, wenn wir etwas Größeres, Schöneres, Aktuelleres lernen. Es ist sozusagen ein Abfallprodukt unseres Reifungsprozesses. Ein kleines Kind verlernt den

Gebrauch der Stützräder an seinem Kinderfahrrad, wenn es alt genug ist, um auf dem Zweirad das Gleichgewicht zu halten. Wir verlernen den Gebrauch der Schwimmflügel, wenn wir beim Schwimmen genügend Sicherheit gewonnen haben. Wir verlieren unsere Milchzähne, wenn die Zeit für ein stärkeres Gebiss gekommen ist. Die Raupe verlernt das Kriechen, wenn ihr die Schmetterlingsflügel gewachsen sind.

Eine Tugend gilt es zu verlernen. Natürlich sollen und wollen wir sie nicht total verlernen. Gründlichkeit und Sorgfalt bleiben erstrebenswerte Tüchtigkeiten. Aber das Übermaß, das Unmaß will verlernt sein. Dazu gehört die Einsicht, dass es auch bei den edelsten Fähigkeiten und den höchsten Werten ein Übermaß gibt. Ist die Grenze zum Unmaß überschritten, dann wird aus dem eigentlich Wünschenswerten mehr und mehr eine Last. Jenseits der Grenze lauern Unfruchtbarkeit, Sterilität, Erstarrung. Die übersteigerte Tugend macht unmenschlich, und es ist erschreckend zu sehen, wie viele Gräuel und Grausamkeiten in der Geschichte der Menschheit damit begonnen haben, dass eine Tugend übersteigert wurde, dass ein unbestreitbar gutes Verhalten maßlos radikalisiert wurde.

Spüren, wo die Grenze ist

Immer wieder haben wir von der Grenze gesprochen, jenseits derer das Verlangen nach Vollkommenheit unerträglich wird: die Grenze zwischen Sauberkeit und

Sterilität, zwischen behaglicher und ungemütlicher Ordnung, zwischen Gewissenhaftigkeit und Skrupulosität. Es ist gar nicht so leicht, diese Grenze wahrzunehmen. Sie verläuft für jeden Menschen etwas anders, und nicht einmal für den Einzelnen liegt sie immer an derselben Stelle. Es gibt keine objektiven Kriterien, die mir klar und eindeutig sagen, wann und wo das Maß überschritten ist. Trotzdem lässt sie sich durchaus wahrnehmen; ich kann sie spüren, ich kann sie erfühlen.

Als Kind machte ich eine erste schmerzliche Erfahrung mit dieser Wahrheit. Ich hatte eine schöne Märklin-Eisenbahn; die Lokomotive, die meinen Zug hinter sich herzog, war eine Aufziehlok. Man musste sie aufziehen wie eine Uhr. Dabei galt es, sorgfältig darauf zu achten, dass man das Uhrwerk nicht überdrehte. Aber natürlich wollte ich wie jeder Junge, dass mein Zug so schnell und so lange als irgend möglich fuhr, und so zog ich die Feder so stramm auf, wie ich es nur irgend konnte. Es kam, wie es kommen musste: Eines Tages drehte ich den Schlüssel im Übereifer zu kräftig, die Feder sprang, und meine schöne Lokomotive, das heißgeliebte Prunkstück meiner Eisenbahn, war kaputt und versagte ihren Dienst. Worauf hätte ich achten sollen?

Beim Aufziehen musste man einen Widerstand überwinden. Dabei galt es, Fingerkraft einzusetzen, Kraft, aber nicht Gewalt. Genau dies ist der Unterschied, der erfühlt sein will. Wenn ein gewaltsamer Zug in meinen Krafteinsatz hineinkommt, habe ich die Grenze überschritten. Aber nur der Achtsame spürt den Knackpunkt. „Und bist du nicht willig, so brauch ich Gewalt!" heißt es in Goethes „Erlkönig" – und so ist es leider nicht nur im Gedicht. Gewalt aber zieht unweigerlich Zerstörung nach sich.

Wer seinen Spürsinn übt, bekommt ein immer feineres Gefühl für die Grenze. Aber das ist nicht der einzige Gewinn. Wer sich auf das Lassen versteht, sieht die Welt je länger, je mehr mit anderen Augen. Ihm tut sich eine neue Welt auf. Er wird heimisch in dem faszinierenden Land der Gelassenheit mit all seinen Merkwürdigkeiten und Wundern, wo das, was „von alleine" wächst, mehr zählt als alles mit Gewalt Erzwungene. Eine Welt immer euer Überraschungen wartet darauf, von uns entdeckt zu werden, und immer neue Wunder werden den beglücken, der der Versuchung zur Gewaltanwendung widersteht.

Herrliche Inkonsequenzen

Die meisten Menschen werden es als Vorwurf empfinden, wenn man ihnen nachsagt, sie seien inkonsequent. Doch wenn ein Perfektionist einen Mangel an Konsequenz erkennen lässt, sollten wir von Herzen dankbar sein. Und es ist, Gott sei Dank, tatsächlich so: Die allermeisten Perfektionisten weisen in ihrem Verhalten erstaunliche Inkonsequenzen auf. Da ist eine Frau, die zu Hause beim Zubereiten des Salats eine halbe Stunde und länger braucht, bis sie die Ingredienzien hinreichend gewaschen hat. Man weiß ja nie, was an den Blättern alles haftet. Im Urlaub aber, irgendwo im sonnigen Süden, setzt sie sich gelassen an den gedeckten Tisch und genießt unbedenklich den heimischen Hirtensalat, den bestimmt niemand eine halbe Stunde lang geputzt und gewaschen hat. Ein Mann, berühmt und berüchtigt wegen seiner Sparsamkeit, investiert hemmungslos immer neue Summen in die Modelleisenbahn, die sein Ein und Alles ist.

Manchmal sorgt das Unbewusste dafür, dass sich ein Herzenswunsch durch alle Kontrollen des Bewusstseins schleicht, wie bei jenem Pfarrer, von dem Else Hueck-Dehio in der Geschichte „Taft zum Kragen" erzählt: Er hatte sich am Sonntagmorgen beim Frühstück, wohlgemerkt: unmittelbar vor dem von ihm zu zelebrierenden Gottesdienst, fürchterlich mit seiner Frau erzürnt. Diese brauchte ein neues Kleid und hatte den verwegenen Wunsch geäußert, das neue Kleid solle einen Kragen aus Taft haben, was in den Augen des Herrn Pfarrers ein unverzeihlicher Luxus war. Im Gottesdienst aber, gegen Ende, im allgemeinen Kirchengebet, da wo die Agende die Bitte „Und wo du uns Schweres auferlegst, da gib uns Kraft zum Tragen" vorgab, hörte die erstaunte Gemeinde den Pfarrer beten: „Da gibt uns Taft zum Kragen!"

Die Inkonsequenzen oder, wie in der Geschichte vom Taft zum Kragen, die Freudschen Fehlleistungen zeigen: Der Perfektionist kann auch anders. Es gibt Bereiche in seiner Seele, die nicht von der Krankheit des Vollkommenheitswahns angefressen sind. Von hier aus kann sich Heilung ausbreiten. So hat der Perfektionist selber, aber auch seine Mitmenschen, allen Grund zum Aufatmen, sooft die herrlichen Inkonsequenzen ans Tageslicht kommen. Ihre Botschaft lautet: Dem Manne kann geholfen werden.

Lachen ist gesund

Neuerdings hat sogar die Wissenschaft herausgefunden, dass Lachen gesund ist. Unsere Sprache hat herrliche Ausdrucksmöglichkeiten, um ein kräftiges, befreiendes Lachen zu beschreiben. Da haben wir uns vor Lachen gebogen, haben uns schief gelacht oder schlapp, und manche Leute lachen sich über einen guten Witz halb tot oder sogar ganz tot.

Spaß beiseite – wenn wir uns totgelacht haben, ist dann wirklich jemand gestorben? Natürlich nicht, und aber doch. Wo laut gelacht wird, sodass einem irgendwann das Zwerchfell wehtut, sterben die finsteren Gestalten, die im Innenleben des Perfektionisten so eine schreckliche Rolle spielen. Der brutale Ausbeuter, der unerbittliche Kontrolleur, der gemeine Herr Oberstaatsanwalt, sie alle schrumpfen bei dröhnendem Gelächter immer mehr auf ein winziges Kleinformat, bis sie sich irgendwann in Wohlgefallen auflösen – ja, in Wohlgefallen, welch schönes Wort!

Eigentlich sind Perfektionisten eher humorarme Menschen, und im schlimmsten Fall sind sie gänzlich humorlos. Oder sie verstehen sich nur auf eine ganz bestimmte Art von Scherzen, auf die zynischen, die sarkastischen Witze, den bitteren, den galligen Humor, der nicht wirklich lustig ist. Dieser Humor hat nichts Befreiendes an sich. Er ist unheimlich und makaber. Bei solchen Witzen treibt man „mit Entsetzen Scherz"; das Lachen macht frösteln, weil es vom kalten Hauch des Todes umweht ist.

Kaufen wir uns also lieber zwei Kinokarten und laden den Perfektionisten zu einem guten Lustspielfilm ein, damit er sich einmal so richtig auslachen kann. Am liebsten würde ich ihn ins Kabarett mitnehmen, in eines der wunderbaren Programme von Hanns Dieter Hüsch, aber der lebt ja leider nicht mehr; er sorgt inzwischen dafür, dass den himmlischen Heerscharen über all dem Traurigen, das sie mitansehen müssen, das Lachen nicht ganz vergeht. Nun, wir werden schon irgendeine gute Möglichkeit finden, und wenn der Film nicht ganz schlecht ist, dann wird auch unser perfektionistischer Freund irgendwann die Selbstbeherrschung verlieren, er wird vor Lachen bersten, wie die Engländer sagen, und auf seiner inneren Bühne haben die bösen Wortführer zumindest an diesem Abend einmal ausgespielt.

Oder, und das ist vielleicht die allerschönste Möglichkeit: Wir gehen zusammen in einen Zirkus oder in ein Straßentheater, wo ein exzellenter Clown uns Tränen lachen macht. Schauen wir uns den Clown einmal in aller Seelenruhe an. Er ist ja das genaue Gegenstück zu einem ausgereiften Perfektionisten. Wie dumm er sich anstellt! Wie ungeschickt und unbeholfen! Das Publikum mag es nicht mitansehen und versucht zu helfen, aber dieser Clown begreift die einfachsten Dinge nicht. Er hantiert mit einer Digitalkamera und weiß noch nicht einmal, wie man sie richtigrum hält!

Ungeschickt und unbeholfen – und so lustig! Diese wunderbare Kunst, über das eigene Ungeschick und Missgeschick zu lachen! Und gerade seine linkische Art macht ihn so liebenswert, so wunderbar menschlich! Und vielleicht geht dem Perfektionisten irgendwann das Geheimnis auf: Präzision und Gründlichkeit kann man bewundern; richtig lieben aber kann ich nur, wo sich Schwäche zeigt.

Hoffen wir, dass der Perfektionist einen vergnügten Abend verbracht hat. Vielleicht geschieht am Ende sogar noch ein kleines Wunder: Der Perfektionist ist von der Vorstellung des Clowns so angetan, dass er Lust bekommt, selber einmal den Clown zu spielen, beim Mantelanziehen an der Garderobe bietet sich eine erste gute Möglichkeit, und er nutzt sie! Und er findet weitere Gelegenheiten, bei einem Familienfest oder einem Gemeindeabend, und irgendwann wird er sich sogar zu einem der Clownskurse anmelden, die man heute buchen kann, und am Ende ist er – wie könnte es anders sein – ein perfekter Clown!

Sich von Gott stören lassen

Kaum jemand lässt sich gerne stören, und der Perfektionist schon gar nicht. „Es ist mir leider etwas dazwischengekommen", sagen wir, wenn unser sorgfältig kalkulierter Zeitplan einmal durcheinandergeraten ist. Der Perfektionist kalkuliert meistens sehr knapp; er muss seine Zeit ausnutzen; also darf nichts dazwischenkommen, wenn das Werk zur bestimmten Zeit fertig sein soll. Was aber verbirgt sich hinter dem blassen Wörtchen „es", wenn nichts dazwischenkommen darf und soll?

Ein Störenfried erster Güte ist für viele Menschen das Telefon. Es klingelt ja nicht, wenn es mir passt, sondern wenn es dem Anrufer gerade so einfällt. Und wie oft klingelt es im denkbar ungünstigsten Augenblick: Wenn ich nach dem Joggen eben tropfnass aus der Dusche gekommen bin – beim Essen – wenn ich am Computer sitze und der mal wieder nicht so will, wie ich es will – wenn ich nach geschaffter Arbeit eben eine entspannende Musik höre – mitten im Aufbruch, wenn ich schon den Autoschlüssel in der Hand habe. Wer ruft mich denn jetzt schon wieder an?

Das Wort Anruf ist in unserer Sprache ein bemerkenswertes Wort. Vordergründig meint es ein Telefonat. Aber es hat auch einen Hintergrund, und da erinnert das Wort „Anruf" daran, dass unser menschliches Leben vom ersten bis zum letzten Tag dadurch charakterisiert ist, dass wir „Gerufene" sind. Wir haben unser Leben nicht wie ein Ding, das man besitzen und gegebenenfalls auch veräußern kann. Wir haben es nur in Gestalt eines immer neuen Rufs, der uns ins Leben ruft, zu einem lebenswerten Leben. Dieser Ruf begegnet uns in immer neuen Varianten, in den zahlreichen kleinen Aufforderungen etwa, die sich in unserem Inneren vernehmen lassen: „Wach auf!" „Steh auf!" „Pass auf!" „Los!" „Komm!" „Halt!" „Schluss!" „Lass das!" Es ist dies immer neue Gerufensein, das uns zu Menschen macht.

Wer ruft da schon wieder an? Wer versucht immer wieder, in unser so sorgfältig geplantes Tun „dazwischenzukommen"? An wen könnte uns jeder Anruf erinnern? Und wen wimmele ich womöglich ab, wenn mir nichts und niemand dazwischenkommen darf, weil mein Zeitplan nicht durcheinandergeraten soll?

Es gibt eine einfache, hilfreiche Übung, wenn das Telefon einmal wieder im falschen Augenblick klingelt. Ich renne nicht gleich zum Apparat, sondern halte einen Augenblick inne und vergegenwärtige mir in einer kurzen Meditation: Das Telefon hat geklingelt. Jemand ruft mich. Ich werde gebraucht. Gott ruft mich. Er braucht mich, jetzt. Wenn ich dann nach einer solchen kurzen Präsenzübung den Hörer abnehme und mich mit meinem Namen melde, dann ist es wie das „Hier bin ich!", mit dem Abraham auf Gottes Anruf antwortete (1. Mose 22,1). Und vielleicht verlieren die unangenehmen Störungen etwas von ihrem Ärger und Schrecken, wenn nicht ein kaltes, namenloses „es" mich unterbricht, sondern Gott selbst mich durch das Klingeln meines Telefons zu Aufmerksamkeit und Präsenz ruft.

Jenseits aller Logik lockt eine neue Welt

Die Bibel ist reich an paradoxen Aussagen. Verschiedentlich ist von der Kraft in der Schwäche die Rede. Es gibt arme Reiche, deren Schicksal eigentlich zu bedauern ist. Erste werden zu Letzten, und Letzte werden Erste. Den Trauernden gilt ein „selig" und den Lachenden ein Weheruf. Es gibt Sehende, die in Wirklichkeit blind sind, und es gibt törichte Weisheiten und eine kluge Torheit, ganz wie einer will. So kommt es immer wieder zu aussagekräftigen Sprachspielen.

Dem Perfektionisten werden sie allerdings nicht so ohne weiteres schmecken. Derartige Widersprüche spotten ja hohnlachend jeder Logik. Sie sprengen das vertraute Entweder-oder. Der Perfektionist liebt die klare, plakative Beurteilung. Er braucht eindeutige Aussagen und vor allem braucht er den sicheren Grund überzeugender Begründungen. Was aber, wenn das Leben den Wunsch nach Eindeutigkeit nicht erfüllt? Was mache ich, wenn mir ein unbestimmtes Nebelgrau begegnet, wo mich nach einem klaren Schwarz oder Weiß verlangt? Warum versagt mir das Leben die Erfüllung meines doch so einleuchtenden Wunsches? Kann es meinen Wunsch nicht erfüllen? Oder will es vielleicht einfach nicht?

Es sind ja gerade die schwierigen, die bedrängenden Fragen, bei denen man grübeln und grübeln kann, ohne zu einem überzeugenden Ergebnis zu kommen, das jeden Zweifel ausschließt. Ist jetzt die Zeit gekommen, dass ich meinen kleinen selbstständigen Haushalt auflöse und in eines der einladenden Seniorenheime umziehe? Sollen wir unser Kind aufs Gymnasium schicken, obwohl es in den Hauptfächern nur Dreier hat und die Klassenlehrerin abrät? Sollen wir den Familienbetrieb aufgeben, der sich schon lange nicht mehr rentiert und an dem doch unser Herz hängt? Soll ich mich mit meinen arthritischen Fingergelenken der plastischen Chirurgie anvertrauen oder lieber doch nicht? Sollen wir unserer uralten Mutter noch sagen, dass es in der Ehe ihres jüngsten Enkelkindes knirscht und eine Scheidung zu befürchten ist, oder sollen wir ihr diesen Kummer ersparen? In solchen und vielen anderen Fragen versagt uns das Leben immer wieder die erwünschte Eindeutigkeit und Sicherheit.

Und was steckt hinter der Unlogik, dass Schwäche Stärke ist und Stärke ein Defizit sein kann? Sind das nicht alles nur hirnrissige Sprachspielereien? Nun, etwas Spielerisches haben solche paradoxen Formulierungen schon, aber wertlose Spielereien sind sie deswegen noch lange nicht. Sie haben mitunter etwas Witziges an sich und möchten doch ernst genommen werden. Wie kommen sie zustande? Eigentlich ist es doch so einfach und ganz klar: Eine Niederlage ist eine Niederlage und ein Sieg ist ein Sieg. Kraft ist Kraft und Schwäche ist Schwäche. Aber das Leben widersetzt sich solchen simplen Behauptungen. Nicht umsonst warnt Jesus seine Jünger vor plakativen Urteilen: „Richtet nicht!" (Matthäus 7,1). In jeder Erscheinung ist keimhaft immer auch das Gegenteil des Augenscheinlichen enthalten, und wer lange und intensiv genug hinschaut, entdeckt die Schwäche inmitten der Kraft, den Keim der Niederlage im Sieg. So hatte der starke Riese Goliath einen Schwachpunkt, und als der kleine David ihn dort traf, da sank der stolze Held sang- und klanglos zu Boden. Wer gewonnen hat, ist der Frage, was er vielleicht falsch gemacht hat, enthoben. Im Siegesjubel keimt die Selbstzufriedenheit, die eine künftige Niederlage einleitet. Der Verlierer aber muss sich selbstkritischen Fragen stellen, und da wird ausgerechnet die Niederlage zum Keim einer neuen Blüte.

Ob der Perfektionist die Geduld aufbringen wird, die nötig ist, um das Gegenbild der äußeren Erscheinung zu entdecken? Wird er den Mut aufbringen, etwas zu tun, für das es keinen eindeutigen, keinen sicheren Grund gibt? Er sollte es wagen; Geduld und Mut werden ihm reichlich belohnt werden. Er wird erfahren, wie schön es ist, die Welt mit neuen Augen zu sehen, und irgendwann wird er verstehen, dass Jacques Lusseyran, der als Kind durch einen schlimmen Schulunfall erblindete französische Literaturprofessor, mehr gesehen hat als Tausende und Abertausende seiner verblendeten Zeitgenossen.

„Und ist doch rund und schön"

Es gibt noch eine gute Nachricht für alle, die nach Auswegen aus der Perfektionsfalle suchen. Das Alter sorgt dafür, dass perfektionistische Einstellungen sich allmählich abschleifen. Dieser Prozess vollzieht sich allerdings nicht ganz ohne unser Zutun oder, wie wir besser sagen, ohne unser Zulassen. Zulassen müssen wir die Tatsache, dass unsere Kräfte nachlassen und dass uns vieles nicht mehr so perfekt von der Hand geht wie in früheren Jahren. Wir werden ungeschickter und ungelenker; manches gelingt uns nur noch mit Mühe, anderes überhaupt nicht mehr. Der linkische Clown, der den Faden nicht durchs Nadelöhr bekommt, bin ich nun selber.

Dazu kommt, dass sich unser Blick nun immer öfter auf die bereits zurückgelegte Wegstrecke richten wird. Wir betrachten kritisch, was aus unseren Wünschen und Träumen geworden ist, und entdecken überall den garstigen Graben zwischen dem, was wir gewollt haben, und dem, was wir verwirklicht haben. Kaum etwas entspricht den Vorstellungen, mit denen wir einmal ans Werk gegangen sind: das Haus, das wir gebaut haben; die Familie, die wir gegründet haben; die Kinder, die wir aufgezogen haben; die geistliche Gemeinschaft, der wir uns mit so großen Hoffnungen angeschlossen haben. Aus allen unseren Schöpfungen grinst uns das Ungenügen an. „Du warst deiner Aufgabe niemals gewachsen" – so hat es Robert Gernhardt in einem seiner letzten Gedichte zu sich selbst gesagt. Das Leben im Ganzen und all die vielen Einzelheiten bleiben fragmentarisch, und ich habe keine Möglichkeit, etwas nachträglich zu korrigieren oder gar zu vervollkommnen.

So schaue ich lieber zum guten alten Mond auf, dem „schönen, stillen Gefährten der Nacht". Wir haben gerade zunehmenden Mond. Der Mond wächst. Er wächst der Nacht entgegen, da er als voller Mond am nächtlichen Himmel glänzen wird. Doch was er gewinnt, vermag er nicht festzuhalten. Die eben erlangte Vollkommenheit zerrinnt ihm auf der Stelle zwischen den Händen. Aber wie auch immer ich den Mond wahrnehme, ob zunehmend oder abnehmend, im ersten oder im letzten Viertel, als schmale Sichel oder als vollständige Scheibe, immer drängt es mich, mit Matthias Claudius zu sagen und zu singen:

> ... *er ist nur halb zu sehen,*
> *und ist doch rund und schön.*

Und dann ist der Mond nicht ein kaltes, unbewohntes Gestirn im fernen Weltenraum, sondern mein treuer Freund. Was ich bei seinem Anblick wahrnehme, sehe ich auch an mir, und das Dichterwort „... und ist doch rund und schön" gilt auch von mir und meiner Geschichte. Wenn ich das Wort vom Mond so auf mich beziehe, ist das nicht meine subjektive Sehweise, meine persönliche Interpretation, sondern es ist Gottes Urteil über mein kleines Leben, Begutachtung durch den, der

Himmel und Erde geschaffen und mir wie jedem Geschöpf sein Gütesiegel aufgeprägt hat.

Irgendwann in meiner Schulzeit sprachen wir im Musikunterricht der Schule über die Kunstform der Sinfonie mit ihren vier Sätzen. Wir hörten von berühmten Kompositionen, Sinfonien, die nicht nur eine Nummer im Werkeverzeichnis haben, sondern einen klangvollen Namen wie die „Eroica", die Heldenhafte also, die „Pastorale", eine Hirtensinfonie, die „Sinfonie mit dem Paukenschlag" und die Sinfonie „Aus der neuen Welt". Und dann war da noch eine ganz berühmte Sinfonie mit dem faszinierenden Titel „Die Unvollendete" von Franz Schubert, eine Sinfonie, der der Schlusssatz fehlt. Warum ist dieses Werk nie richtig fertig geworden? Ist es nicht schade um den fehlenden Satz? Aber das Fehlen des Schlusssatzes muss nicht unbedingt ein Mangel sein. Gerade in ihrer Unvollständigkeit konnte die „Unvollendete" zu einem Paradigma werden, zu einem Musterbeispiel, in dem ich mein eigenes Leben wie in einem Spiegel sehe: eine unvollendete Sinfonie. Sie „ist doch rund und schön". Diese Sinfonie ist gerade in ihrer Unvollkommenheit ein Meisterwerk, von Gott geliebt und hoffentlich auch von mir.

Darum möchte ich der Versuchung, das unvollkommene Meisterwerk irgendwie zu komplettieren, entschlossen widerstehen. Ich weiß: Der vierte Satz wird kommen, aber er ist der „schönen Ewigkeit" vorbehalten. So werde ich die Vollkommenheit nicht vom Himmel auf die Erde runterholen, sondern geduldig darauf warten, dass Gott selbst einmal mein Leben „vollenden" wird, vollenden mit sich selbst, indem er auch in mir „alles in allem" ist. Einstweilen aber tröste ich mich mit Paul Gerhardt, mit dem wunderbaren Traumbild vom Paradiesesgarten Christi und singe voller Erwartung:

> *Welch hohe Lust, welch heller Schein*
> *wird wohl in Christi Garten sein!*
> *Wie muss es da wohl klingen,*
> *wo so viel tausend Seraphim*
> *mit unverdrossnem Mund und Stimm*
> *ihr Halleluja singen.*

Der letzte Satz wird kommen, aber Zeit und Stunde dafür sind in Gottes Rat bestimmt. Auf das Stückwerk meines Glaubens und meines Lebens schaue ich mit der heiteren Gelassenheit, die vom Mond gelernt hat: „Und ist doch rund und schön!"